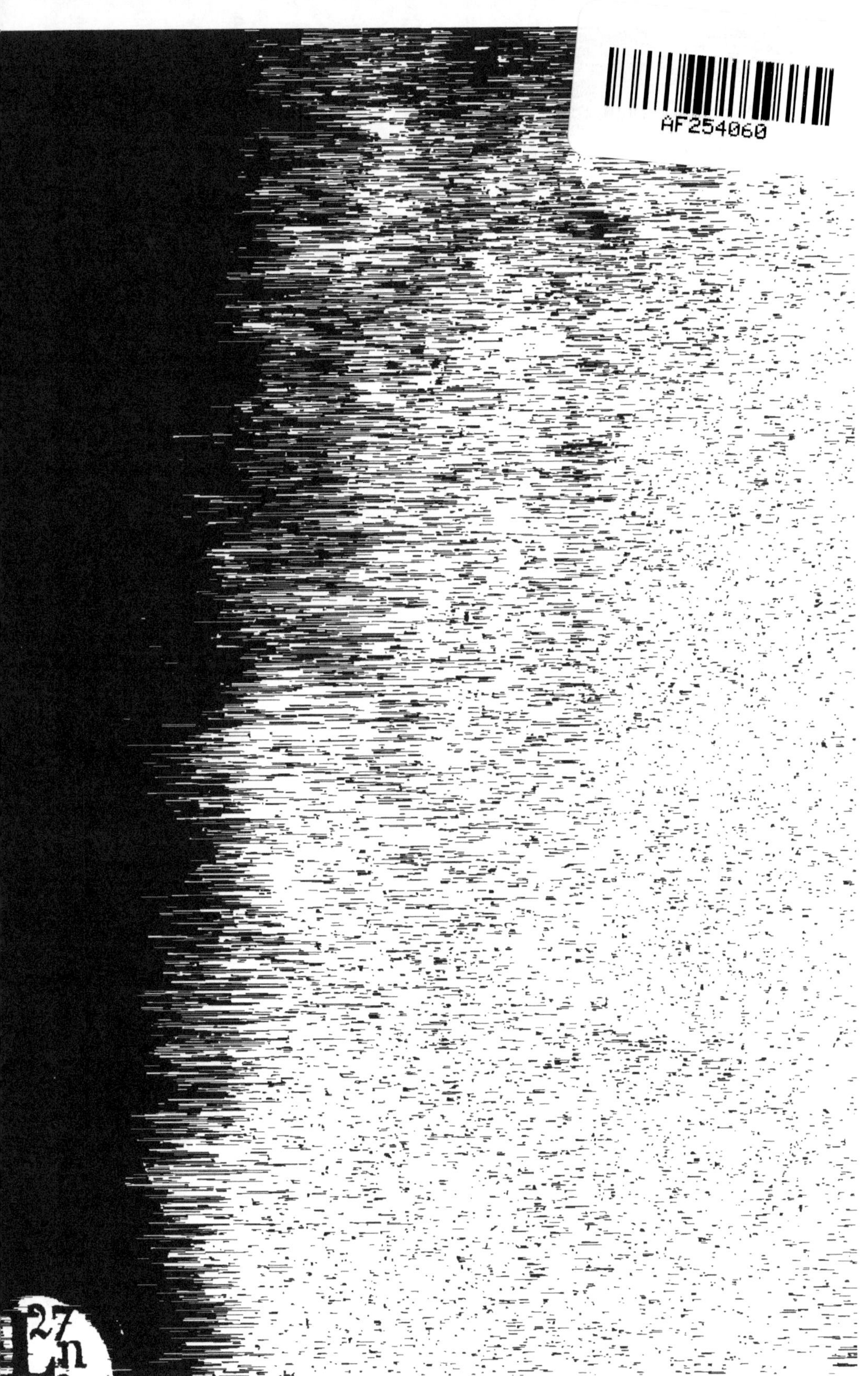
AF254060

M. L'ABBÉ GUILLOMET

SOUVENIRS

DE

NOTRE - DAME DE MONTLUÇON

—

DERNIERS MOMENTS

—

LETTRES

Par l'Abbé G. CLÉMENT.

Ecce sacerdos.....

Voilà le prêtre.....

MONTLUÇON

IMPRIMERIE PROT, LIBRAIRE ÉDITEUR.

1869

Il est écrit : La mémoire du Juste sera bénie. Cette parole peut s'appliquer au vénérable prêtre que nous pleurons ; oui, sa mémoire sera bénie par ces hommes chrétiens, pour lesquels il s'est dévoué avec tant d'amour, bénie par les pauvres dont il était le père, bénie par le clergé dont il était un des modèles.

Le nom de M. Guillomet réveillera toujours les plus précieux souvenirs ; ces pages en ont recueilli quelques-uns : nous les offrons à ses nombreux amis.

Parler de lui, était un besoin du cœur, c'est un cri de reconnaissance, ce sera, nous osons l'espérer, une œuvre agréable à ceux qui l'ont connu.

A L'AUTEUR.

juillet.

Cher Monsieur,

Je ne puis trop vous encourager dans votre excellente pensée d'édifier, en donnant le tableau d'un bon pasteur en la personne de M. Guillomet.

Vous le montrerez successivement fervent séminariste à St-Sulpice, bon vicaire, enfin excellent curé à Montluçon et à Moulins.

Son condisciple et son ami, je puis dire que le bon séminariste est parfaitement régulier, pieux, studieux, aimable, aimant ses directeurs, le séminaire et la discipline ecclésiastique.

Le bon vicaire est un fils pour son curé.

Le bon curé observe une règle de vie calquée sur celle du séminaire, qu'il aime toujours; il est fidèle à la résidence, aux exercices de piété, à l'étude, et suit un programme de pasteur pour tout faire en son temps et ne rien oublier : le culte, l'instruction, les sacrements, les pécheurs, les enfants, les ignorants, les malades et les affligés de toutes sortes; les désordres à supprimer et les bonnes œuvres à établir, surtout par les associations, et tout cela, avec autant de prudence que d'énergie, *fortiter et suaviter.*

Or, tel a été le vénérable M. Guillomet, zélé et exemplaire en tout par le sacrifice.

En le peignant vous lui deviendrez semblable, cher Monsieur, je vous le souhaite.

† F. ARMAND, év. cap.

M. L'ABBÉ GUILLOMET

SOUVENIRS DE NOTRE-DAME

M. l'abbé Antoine Guillomet naquit le 4 août 1804, à Montord, canton de Saint-Pourçain, d'une famille honorable originaire de Chantelle.

Il fit ses premières études au petit Séminaire de Moulins, dirigé par un saint prêtre, M. l'abbé Martin.

Là, bien jeune encore, il se montrait déjà petit apôtre. Pendant les récréations, ses condisciples, pleins d'estime et de respect pour lui, aimaient à l'entourer, et il profitait de leur confiance pour leur parler du bonheur de la vocation ecclésiastique et des beautés de la vertu.

Sa parole convaincue, entraînante, chaleureuse les captivait. On l'écoutait et on l'aimait. C'était le saint de la Maison, et dès lors il sut faire naître dans le cœur de ceux qui le connurent un attachement si profond, un respect si complet que le temps qui, hélas! affaiblit si souvent les premières impressions, ne fit que les consacrer par une inviolable fidélité. Celui qui a bien voulu nous donner ces détails est une preuve bien éloquente de ce que nous avançons.

Les études secondaires terminées, M. Guillomet alla à Paris faire sa théologie au séminaire de Saint-Sulpice. Un évêque, son condisciple et son ami, affirme (on a lu ses paroles) que le bon séminariste fut parfaitement régulier, pieux, studieux, aimable, aimant ses directeurs, le séminaire et la discipline ecclésiastique.

Ce témoignage précieux nous explique la vie si saintement régulière de M. Guillomet : rien n'était laissé aux caprices, à l'impression du moment; tout était prévu, réglé; chaque instant du jour avait son occupation, aussi comme ses jours étaient vraiment pleins, aucune lacune ne s'est montrée dans cette vie sacerdotale. Ses amis l'appelaient la Règle vivante.

A son retour dans le diocèse, en 1827, il fut ordonné prêtre à Moulins, nommé vicaire à Saint-Pierre de cette ville, et, l'année suivante, curé de la paroisse de Courçais.

« M. Guillomet, m'écrit un de ses anciens paroissiens, bien capable de juger, et qui a toujours conservé pour le jeune curé de Courçais un profond respect,
» M. Guillomet est venu à Courçais en 1828 pour pas-
» ser, peu de temps après, à Saint-Pierre de Montluçon.
» Pendant son court séjour dans notre paroisse, qui
» avait été sans prêtre bien des années, il y a fait un
» immense bien qui n'est pas encore oublié : on parle
» toujours de son zèle et de sa piété. Par sa bienveil-
» lance et son amitié, il avait fait de chaque paroissien

» un ami ; il s'était fait l'instituteur de quelques jeunes
» garçons, plusieurs vivent encore et sont pleins de
» reconnaissance ; ils sont toujours restés en relation
» avec lui pendant le temps qu'il a passé à Montluçon.

» Quarante années ont dû voir la population se
» renouveler, cependant le souvenir du bon curé est
» vivant dans la paroisse de Courçais, où jeunes et
» vieux connaissent et respectent notre regrettable
» ami. »

Nous nous rappelons avoir vu venir régulièrement
chaque année, à la cure de Notre-Dame, des hommes
de Courçais. Ils se présentaient radieux, pour l'anniver-
saire de leur première communion, un petit cadeau
sous le bras, redisaient à leur curé (ils le nommaient
ainsi) qu'ils ne l'oublieraient jamais, et le bon prêtre
les serrant dans ses bras les accueillait avec bonté et
avec attendrissement.

Sa pensée était de consacrer toute sa vie à cette paroisse, car, comme on l'a déjà dit : (1) « Jamais une pensée d'ambition n'entra dans son esprit ; mais un an s'était
à peine écoulé que notre premier évêque, trompant son
humilité, l'appela à la cure de Saint-Pierre de Montluçon. Là, pendant quatre années, de 1829 à 1833, il fit
bénir la religion en la montrant sous les traits qu'on
aime dans Saint-François de Sales et dans Saint-Vincent de Paul.

» Un poste important demandait un prêtre de choix :

____

(1) Un de ses amis.

M. l'abbé Guillomet y fut envoyé. On le vit donc à Saint-Pourçain travailler avec ardeur et succès pendant treize ans à la résurrection de l'esprit religieux dans cette ville et à la restauration de sa belle église abbatiale, poursuivie et achevée avec tant d'intelligence par son digne successeur. L'obéissance exigea de lui un nouveau sacrifice : cet humble prêtre, incapable de tout à ses yeux, capable de tout avec son esprit de foi, sa prudence, son admirable charité, au jugement de ses supérieurs, dut se résigner à accepter en pleurant, et nous avons vu ces larmes saintes, la cure de Notre-Dame de Montluçon, où l'ancien, le béni curé de Saint-Pierre reçut un accueil enthousiaste. Il faut bien le dire, ce bon et noble cœur semblait fait pour battre dans la poitrine de ce bon peuple, qui, pendant dix-neuf ans, ne put jamais se lasser de voir, d'entendre, d'aimer, de louer *son bon curé.* »

M. Guillomet prit possession de la cure de Notre-Dame en 1846. L'histoire de son séjour parmi nous est écrite dans les œuvres qui remplirent sa vie.

Mgr de Dreux-Brézé avait établi à Notre-Dame pour toute la ville une messe spéciale pour les hommes, et avait confié cette œuvre au zèle de M. Guillomet. Jamais plus filial empressement ne se consacrât plus entièrement à l'œuvre léguée par un père.

Les hommes de Montluçon conserveront de M. Guillomet un profond et religieux souvenir. Ils se rappelleront cette voix amie, applaudie, si bien comprise, qui tous les huit jours leur distribuait la parole de vie, dans des instructions familières, correctes, pratiques, toujours éloquentes, parce que toujours c'était le père parlant à ses enfants pour leur faire du bien.

Quelquefois des prédicateurs étrangers, de passage dans notre ville, recevaient l'invitation de prendre sa place à la messe des hommes. Quelques-uns étaient des orateurs célèbres, leur parole était éloquente, magistrale, on les admirait ; cependant, en sortant de l'église, les hommes se disaient les uns aux autres : *C'est bien, mais ce n'est pas encore notre curé.*

Pendant plus de quinze ans, tous les dimanches, cette voix s'est fait entendre au même auditoire, et jamais elle n'a lassé, toujours, au contraire, on l'accueillait avec une nouvelle sympathie... Combien d'orateurs en pourraient dire autant?... A quoi attribuer ce succès? M. Guillomet aimait son auditoire d'hommes et ses hommes l'aimaient : C'était le cœur pieux et zélé du père qui, pendant toute la semaine, à ses heures les plus chères, les plus privilégiées, le matin après sa méditation, composait avec soin, confiait à sa mémoire avec la plus scrupuleuse fidélité, ce qu'il devait dire à ses hommes; et, le dimanche, les hommes venaient avec bonheur, avec empressement recevoir la nourriture préparée avec tant de zèle pour leurs âmes. Et cette parole, si avidement accueillie, ils en portaient l'écho dans leur famille. C'était le sujet de la conversation alors que l'on était réuni au foyer domestique. Ces instructions étaient toujours si pratiques! c'était un cours suivi sur le dogme et la morale à la portée de tous, abondant en comparaisons noblement familières, en rapprochements clairs et précis; les péroraisons courtes et incisives laissaient toujours une de ces pensées fortes qui relèvent une âme et la soutiennent dans le sentier de la vertu.

Un jour, M. Guillomet exposait les conditions du salut, il les explique, puis il s'écrie tout à coup : « O mes hommes, mes chers hommes! je vous en conjure, soyez fidèles à remplir ces conditions et il n'y a point d'enfer pour vous, oh! non, pas d'enfer pour mes hommes de Montluçon. » Et il descendit tout ému.

L'admiration, l'amour se partageaient l'auditoire; on semblait se dire : O quel cœur! comme il sait aimer!

Et puis, qui donc ne l'eût pas écouté dans le plus religieux silence, avec l'attention la plus soutenue, ce prêtre qu'il nous semble voir encore dans la chaire de Notre-Dame, le front brillant de l'auréole de la sainteté, avec sa noble tête couronnée de cheveux blancs, les yeux fermés d'abord et se reposant ensuite avec bonheur sur un auditoire compacte, et, heureux! ces seules paroles : *Mes chers hommes*, accentuées comme il savait le faire, pénétraient jusqu'au plus intime des cœurs et les électrisaient.

Disons aussi que cette admirable sympathie de son auditoire il se la préparait avant de monter en chaire. Qui n'a pas vu à Notre-Dame, avant la messe ou avant les instructions spécialement réservées aux hommes, M. Guillomet le premier à l'église, revêtu de son surplis, préparant les chaises où devaient se placer les fidèles, puis, à leur entrée, désignant leur place, les conduisant lui-même avec cet air de bonheur qui disait à tous : Qu'il est bon de vous voir là! Apercevait-il un père de famille entouré de ses enfants, il s'avançait le sourire sur les lèvres, disait un mot d'encouragement, et l'on se promettait bien de revenir... On le voyait si heureux !

Ces peines, ces soins, ces instructions avaient un but, une fin : l'accomplissement fidèle et persévérant du devoir pascal. Aussi le jour vraiment heureux pour son zèle et son amour des âmes, c'était la communion générale des hommes le dimanche des Rameaux.

Pour les préparer par l'instruction, le bon exemple, pendant tout le carême, deux fois la semaine, le mercredi et le vendredi, le prédicateur de la station avait des instructions particulières pour les hommes; et, depuis le dimanche de la Passion jusqu'au dimanche des Rameaux, une retraite spéciale les disposait au grand devoir pascal.

Le samedi après l'instruction, dix ou douze prêtres entendaient les confessions jusqu'à une heure très avancée de la nuit, et, après quelques heures de repos nécessaire, on se remettait à ce travail plein de consolation.

A huit heures, la belle sonnerie de Notre-Dame annonçait, comme aux jours des plus grandes solennités, que le Christ régnait et qu'il venait prendre possession des cœurs qui étaient à lui.

Quels accents de bonheur ne s'échappaient pas dans

ces jours-là du cœur du prêtre, heureux des effets de la grâce! Qui pourrait dire sa joie intime, alors qu'il voyait son église remplie de ses hommes réunis dans le plus profond recueillement, sous les yeux du Seigneur, dans la même pensée de foi et d'amour? Comment parler de l'émotion dont son visage portait les preuves évidentes à cette heure tant désirée pendant laquelle deux prêtres distribuaient le pain de vie à ces âmes purifiées et consolées.

A ce moment, il se sentait vraiment pasteur des âmes: ces chères brebis, il les avait conduites dans les gras et fertiles pâturages du père de famille, il les voyait s'abreuver aux sources vivifiantes de la grâce... Il était heureux!

De l'église et pour les ramener à l'église, M. Guillomet suivait ses hommes au travail, à l'usine, à l'atelier. Admirablement secondé dans les premières années de son ministère par M. Guérin, dont le nom réveillait dans le cœur de l'excellent prêtre de bien vives sympathies, il sut créer un véritable esprit religieux dans les usines, et pour resserrer entre tous ces hommes les liens d'une véritable fraternité, il établit la Société de Saint-François-Xavier.

Il réunit un jour dans sa chambre, de la plus austère simplicité, quatre ouvriers, il leur communique ses idées, leur fait part de ses espérances. Il veut, par une association, venir en aide à l'ouvrier malheureux, prévenir ces dénûments terribles qui quelquefois précèdent le désespoir, procurer un honnête et utile délassemen t après les labeurs de la semaine. Avec la modeste cotisation de 50 centimes par mois, dans les maladies, l'ouvrier recevra la visite du médecin, les remèdes prescrits et une somme pour l'aider à entretenir sa famille.

Le bon prêtre fut compris. On se met à l'œuvre et la Société de Saint-François-Xavier fut établie ; elle compte maintenant près de 300 membres, a une caisse pour les retraites et étend ses bienfaits sur les femmes et les enfants des ouvriers.

Pour donner une idée de l'esprit qui anime cette Société, un trait suffira... En voyant arriver bien nombreux ces hommes fidèles au devoir de la confession, on les félicitait.... et eux regardant d'un air surpris... Mais, quoi d'étonnant, disaient-ils, ne sommes-nous pas des *Xaviers*.

Faire partie de la Société est pour eux un engagement à se montrer bons chrétiens, c'est-à-dire ouvriers probes et honnêtes.

Aussi, comme M. Guillomet aimait les réunions mensuelles de la Presle, comme il y venait avec bonheur, comme il revoyait avec plaisir ces hommes qu'il avait vus le matin se presser autour de lui à l'église !

Un de ses soins les plus chers était de bannir l'ennui de ces réunions ; il craignait de voir naître le regret de n'être pas ailleurs.

Pour atteindre ce but, il avait demandé à la parole sympathique et bien autorisée de M. Aupetit-Durand de les instruire de leurs devoirs de bons citoyens, de leur apprendre les moyens d'éviter le procès qui ruine et la chicane qui désunit, en leur faisant un cours succinct, abrégé, clair, pratique du droit usuel, et l'on sait avec quelle attention était écoutée cette parole, combien l'on était heureux et reconnaissant de cette noble condescendance du talent en faveur de l'ouvrier.

Pour obéir au désir du prêtre aimé, M. de Saint-George, trop tôt, hélas! ravi à notre ville, chantait les gloires de la France dans des vers d'une chaleureuse poésie, ou bien encore disait le bonheur de la famille chrétienne, la vraie grandeur de l'honnête ouvrier dans un style qu'il savait embellir de toutes les richesses d'une brillante imagination secondée par tous les sentiments d'un noble cœur. Des expériences de chimie, de physique, des loteries disposées avec art venaient tour à tour donner à ces réunions l'attrait qui s'attache toujours à l'utile uni à l'agréable.

Ainsi M. Guillomet savait se servir de ses amis pour ses œuvres : cœur, intelligence, position sociale, fortune, on mettait tout à sa disposition. Une nouvelle famille venait-elle à s'établir à Montluçon, après quelques visites du zélé prêtre, elle connaissait les œuvres établies dans la ville, leurs ressources, leurs besoins, et l'on se faisait inscrire comme bienfaiteur, et l'on donnait. Il savait attirer la confiance par cet amour éclairé, suivi et discret du bien qui rallie toutes les âmes charitables au ministère d'un bon pasteur.

Quand il demandait pour ses pauvres, il le faisait avec une si délicate charité qu'on ne pouvait refuser.

Un de ses paroissiens, chez lequel il allait volontiers, parce qu'il le connaissait depuis ses premières années de ministère et qu'il lui savait un cœur généreux, nous disait un jour : « Quand je donnais quelque chose à M. Guillomet, il me laissait toujours mécontent de moi-même; pour une somme quelquefois minime il me remerciait avec tant d'effusion que je me disais : Oh! pourquoi n'ai-je pas donné davantage? »

Il reçut une année une somme très imposante pour le Saint Père, et il s'en réjouissait surtout pour le donateur.

Solliciter les riches à donner aux pauvres, tel était son secret de leur faire du bien; il savait qu'agir ainsi c'est les sauver. Il est écrit : Faites l'aumône, et tout vous sera pur. Sans doute, l'aumône ne purifie pas directement, c'est l'effet de la pénitence, mais la pénitence est accordée à l'aumône.

Les promesses en faveur de ceux qui donnent, dit le P. de Ligny, sont si formelles que l'on ose assurer que parmi ceux qui font d'abondantes aumônes, très peu sont réprouvés, si même il en est quelqu'un, il est permis d'en douter.

Les riches sont en ce monde les bienfaiteurs des pauvres, les pauvres sont en l'autre les bienfaiteurs des riches. Les premiers donnent le pain, les seconds le Ciel. Est-ce assez de dire : Faites-leur du bien, ne faudrait-il pas dire : Faites-leur votre cour.

Pénétré de ces pensées, le cœur du prêtre qui voulait sauver tous ses paroissiens avait établi cet admirable échange parmi les membres de sa grande famille. Aux riches, il demandait le pain pour ses pauvres; aux pauvres, la prière pour les riches. On le voyait sortir de la maison, demeure de la richesse ou de l'opulence, pour aller à la mansarde qu'habite la faim ou que désole le froid.

Il me semble le voir encore, s'avançant dans nos rues, la tête découverte, son chapeau sous le bras, saluant d'un paternel regard à droite et à gauche, montant l'escalier difficile des étages élevés avec plus de bonheur que les marches somptueuses des salons. Il apportait là son bon regard, son doux sourire, ses paroles consolantes, laissait discrètement sur le coin de la cheminée ou sur la table l'aumône nécessaire à la famille et se retirait sans même vouloir entendre l'accent de la gratitude. Dans ses œuvres de miséricorde, il était admirablement secondé par les membres de la conférence de Saint-Vincent de Paul, œuvre qu'il avait fondée et à laquelle il sut inspirer une vie et une activité vraiment admirables. Il s'était créé dans l'œuvre des Dames de la Miséricorde un puissant secours; il assistait avec soin à leurs réunions et admirait leur charitable dévouement; il disait de l'une d'entre elles : « Jamais je n'ai connu un cœur aussi vivement sollicité par le besoin de donner. »

La charité du vénérable prêtre était prudente; il donnait à tous, mais il savait mesurer la largesse de ces dons : à ses paroissiens, la meilleure part, et, parmi eux, il donnait surtout là où régnait l'ordre et la fidélité aux devoirs religieux.

Les étrangers recevaient, mais ils n'avaient que ce qui n'était pas nécessaire aux enfants de la famille. On s'est étonné quelquefois de voir donner une bien faible somme; si ses secours étaient devenus moins abondants, c'est que l'usage qu'on en faisait n'avait pas toujours rempli les intentions du prêtre, aussi prudent que généreux. Il était envoyé à ses enfants. Qui pourrait lui reprocher de leur avoir donné la préférence ?

Et, pourquoi ne le dirais-je pas ? Ceux-là étaient véritablement les siens, qui obéissaient aux lois de Dieu et de l'Église. Voilà pourquoi l'assistance régulière à la messe des hommes les dimanches et l'accomplissement du devoir pascal étaient près de lui une si bonne recommandation.

Nous aimons à citer ici le témoignage d'un de ses amis qui le connaissait bien :

« Dévoué à toutes les âmes que Dieu lui avait confiées, M. Guillomet avait un amour de prédilection pour les pauvres, voyant toujours en eux les vivantes images de Jésus-Christ, et aimé d'eux aussi comme la vivante image de Jésus, le père des pauvres.

» On le surprit se dépouillant pour eux de ses vêtements, de ses couvertures, de sa chaussure même (1),

(1) Voici ce que nous lisons dans une lettre signée par une personne très honorable : « Un jour, une pauvre femme va demander l'aumône à M. l'abbé Guillomet ; il faisait bien froid, elle n'avait pas de quoi couvrir ses enfants la nuit. Il lui dit : Venez demain matin. Le lendemain, il ôte la couverture qui était sur son lit et la lui donne. Sa mère s'en aperçoit ; mais il la rassure en lui disant : Ne vous inquiétez pas, cette couverture est bien où elle est. Parfois, il a donné ses souliers, et il est revenu chez lui marchant avec ses bas. »

comme on le raconte de plusieurs saints, et c'était sans doute pour savoir mieux compatir à leurs souffrances qu'il partageait leurs privations, endurant avec eux et le froid et la faim.

» Il a voulu mourir comme eux : *Je ne fais pas de testament*, a-t-il écrit sur une feuille destinée à madame sa sœur, *je n'ai rien que mon mobilier*.

» Quel riche héritage pour une famille honorable et chrétienne !

» Il fallait le voir lui-même, dit Mgr de Conny, auprès des pauvres, portion chérie de son troupeau, comme il se préoccupait des besoins de chacun, et y pourvoyait avec une bonté touchante. »

Nous insistons, parce que ce cœur si charitable, qui faisait tout pour Dieu, rien par ostentation, n'a peut-être pas trouvé sur ce point toute la justice qui lui était due.

Le soin des pauvres ne lui faisait pas perdre de vue l'instruction et l'éducation des enfants; il voulait que tous pussent trouver le bien pour leur cœur, le vrai pour leur intelligence.

Dans sa paroisse, les Frères de la Doctrine chrétienne, les RR. PP. Maristes, les Dames de la congrégation de Saint-Maur, plusieurs autres Maisons d'éducation se consacraient à cette œuvre.

Chez les Frères, il s'était réservé le catéchisme des garçons, les entendait lui-même en confession, les préparait avec un soin tout spécial, les suivait avec amour et avait établi pour eux un grand moyen de persévérance dans la communion du mois. Ainsi il assurait le succès de l'œuvre de la messe des hommes et de la communion pascale.

A côté de la Maison des Frères, pour compléter leur œuvre, il fallait une maison d'instruction secondaire : les familles chrétiennes la réclamaient.

M. Guillomet résolut de s'adresser à la Société de Marie. Il entreprit le voyage de Lyon; c'était tout un événement, le curé de Notre-Dame ne s'absentait jamais : il présente sa demande au R. P. Général.

Les objections se présentent en foule : On ne peut pas fonder à Montluçon une nouvelle Maison; les sujets ne sont pas assez nombreux pour suffire à toutes les demandes; non loin de Montluçon, à Bourges, à Moulins, deux Maisons remplissent le but qu'on se propose, et la ville n'a qu'une importance relative.

Le prêtre entend toutes ces objections et ne répond que par ces paroles : « Je suis venu à Lyon chercher vos Pères, et je ne quitterai votre ville qu'avec l'assurance qu'ils me suivront à Montluçon. »

Touché de cette persévérance, le R. P. Général réunit le conseil. Pendant qu'il délibère, le curé de Notre-Dame va à la chapelle, se jette aux pieds de Marie, patronne de sa paroisse, prie avec ferveur. La cause était gagnée. « Vous avez vaincu, M. le Curé, lui dit le P. Général. Et un saint religieux, secondant les intentions de l'homme de Dieu, vint fonder le pensionnat Saint-Joseph.

M. Guillomet bénissait la Providence qui depuis

longtemps avait placé au sein de sa paroisse une Maison telle que la désirait son zèle pour l'instruction des jeunes personnes. Sous l'habile direction des Dames de Saint-Maur, il le savait, se forment ces femmes chrétiennes, qui savent unir une instruction solide à la pratique éclairée de la religion. Parmi elles il trouvait ces Dames de la Miséricorde, providence de toute la ville, où elles distribuent l'aumône qui éloigne les étreintes du besoin et donne la consolation aux cœurs trop souvent aigris.

Trois villages dépendent de la paroisse de Notre-Dame; ils sont éloignés de l'église, de l'école; le cœur du bon prêtre sut rendre ce double et grave inconvénient moins pénible ; au milieu de chaque village, il fit venir une sœur chargée du soin d'instruire les enfants, de réunir les familles le soir pour la prière en commun et de donner les premiers soins aux malades.

Tous les trois mois il réunissait les mères de famille de ces villages. Après la confession et la communion, il leur adressait une instruction pratique, familière sur les devoirs de leur état, s'informait de tout ce qui pouvait les intéresser et terminait ces réunions par la distribution d'objets pieux. Il voulait, dans toutes les maisons de sa paroisse, trouver le crucifix, le bénitier, le buis béni, et, dans les maisons de ces villages, le souvenir du saint prêtre se perpétuera par la vue de ces objets sacrés, précieux gage de son zèle et de son amour pour les âmes.

Près de lui, j'allais presque dire à l'ombre de son

presbytère, s'élevait une Maison appelée à réaliser des projets bien chers au cœur du prêtre. Travailler avec zèle, persévérance et piété pour les églises pauvres du diocèse ; offrir à de pauvres orphelines asile, nourriture, instruction chrétienne ; faciliter aux dames pieuses un centre fécond en bonnes œuvres, en exercices pieux, telle était la pensée qui présidait à la fondation de cette Maison. Il s'agissait de la gloire de Notre Seigneur, du salut des âmes, M. Guillomet bénit la Providence qui lui ménageait ainsi un précieux concours pour toutes ses œuvres.

Une autre Maison fut aussi le théâtre de son zèle ; son cœur battait trop à l'unisson de celui de Saint-Vincent de Paul pour ne pas apprécier le dévouement des Filles de la Charité. Il sut se servir de son influence pour faire établir les salles d'asile, les crèches.

Le zèle pour les âmes, cette incessante activité pour le bien, il les puisaient dans l'amour de Notre Seigneur. C'était sous ses yeux, à l'église, qu'il récitait son bréviaire.

Levé à quatre heures, après sa méditation, il préparait ses instructions ; à huit heures, il se rendait à l'église pour entendre les confessions ; à quatre heures, il revenait près de son confessionnal réciter son bréviaire, et savait puiser dans de fréquentes visites au Saint Sacrement force et courage. On l'entendait souvent répéter : « O bon Maître ! »

Outre son amour pour Notre Seigneur, on admirait en lui une tendre et pieuse dévotion à la Très Sainte

Vierge. Par cette dévotion aussi comme il était bien Montluçonnais !

Le culte de la Sainte Vierge est en grand honneur dans notre ville, protégée autrefois par l'image de Marie dominant les portes de ses remparts.

De nos jours comme dans les siècles précédents, le froid et ses tristes effets menacent-ils les récoltes, la sécheresse et son soleil brûlant qui entr'ouvre le sol annonce-t-elle la famine, la grêle qui, en quelques minutes, hache, crible et broie les moissons se montre-t-elle menaçante, on lève les yeux vers Marie. Avec cette confiance que la foi inspire et que Dieu récompense, on vient demander à *descendre la Sainte Vierge;* il semble que la statue plus rapprochée des fidèles éloigne le danger.

M. Guillomet aimait ces fêtes de notre ville, il voyait avec bonheur l'église se remplir, il s'identifiait en quelque sorte avec toute la population, il aimait *notre Septembre,* il sentait que cette fête avait un cachet particulier; aussi avait-il donné à cette solennité la plus imposante majesté, et, à la procession, il avait choisi sa place au milieu des hommes qui suivaient toujours en grand nombre la statue portée en triomphe autour de la ville. Il orna et embellit l'autel de Marie, et le mois de mai voyait chaque année de nouveaux décors satisfaire la dévotion toujours croissante de la ville pour son auguste patronne.

J'aime, en finissant, à consacrer un souvenir aux soirées de Notre-Dame. Ne pas en parler serait laisser un des beaux côtés de ce caractère vraiment sacerdotal. Le clergé de toute la ville se réunissait près de lui, tous les soirs, pendant qu'il prenait sa tasse de lait; c'était convenu ; quelquefois d'honorables laïcs venaient se joindre à la réunion de famille; oui, c'était bien la famille présidée par un père. La plus aimable liberté, la plus franche cordialité, la joie la plus expansive en étaient les nuances caractéristiques : l'union se cimentait toujours davantage, le trait spirituel, le bon mot n'en étaient pas bannis. M. Guillomet animait tout de sa présence et avait un tact exquis pour s'occuper de tout le monde... O bonnes et excellentes soirées de Notre-Dame! c'est bien à vous que s'appliquent ces paroles : Voici qu'il est bon, qu'il est doux pour des frères d'habiter ensemble!

A neuf heures, on se levait, dût un récit rester inachevé : c'était l'heure fixée par le règlement, rien ne la faisait changer, si ce n'est les devoirs du ministère ou les désirs d'une volonté supérieure qui trouva toujours en lui l'obéissance la plus entière.

Ainsi vécut M. Guillomet au milieu de nous, jusqu'au jour où la confiance de Monseigneur l'appela à un poste plus honorable. Il partit sans faire ses adieux et alla demander au grand Séminaire la retraite et le silence.

A Moulins, on a été édifié comme ailleurs de sa parfaite régularité de vie journalière, de sa paternelle charité pour les pauvres, de son zèle particulier pour le bien spirituel des hommes. C'est à lui que la conférence de Saint-Vincent de Paul doit en grande partie d'avoir repris sa tâche avec plus d'activité et de s'être accrue considérablement.

M. Guillomet n'a pas revu Montluçon, mais son cœur ne l'avait pas quitté. Absent, il s'intéressait à tout, et maintenant il est pour nous, nous aimons à l'espérer, un puissant intercesseur.

O père vénéré! du haut du Ciel, où vos vertus, les souffrances d'une longue et cruelle maladie vous ont mérité un trône glorieux, veillez sur la ville que vous aimiez! protégez votre cher Montluçon! Bénissez vos frères dans le sacerdoce! bénissez vos ouvriers! qu'ils n'oublient jamais la messe des hommes et le rendez-vous paternel que vous leur donniez tous les ans pour les solennités pascales. Bénissez enfin toutes les œuvres que vous avez fondées, et que le souvenir de vos vertus reste parmi nous comme un précieux héritage !

DERNIERS MOMENTS

DE M. L'ABBÉ GUILLOMET.

—

Cette relation des derniers instants du saint malade est celle d'un de ses amis dévoués qui n'a pas quitté le lit de souffrances où se consommait le dernier sacrifice. Elle se compose de notes prises au sortir de visites très fréquentes.

Nous l'avons lue avec le plus profond attendrissement, la plus grande édification ; quelles pages de sublime simplicité ! N'est-ce pas là la mort d'un juste... Oh ! oui, mon Dieu ! vous êtes admirable dans vos saints.

———

« Mon ami, n'en parlez à personne, c'est l'heure de mon sacrifice. Le coup est porté. Que la volonté de Dieu soit faite. » Il parle des terribles jugements. Oh ! confiance dans les mérites infinis de Notre-Seigneur, et il répond : « Oh oui, confiance ! »

Vous aimez bien la Sainte Vierge ? « Oh oui ! elle est ma mère, ma bonne mère : je la verrai donc. » Et il se prit à pleurer.

Nous parlions de Notre-Seigneur. « Je le verrai, quel bonheur ! Le voir, le voir toujours que c'est bon, que c'est doux ! O Jésus ! » Et il pleura de nouveau.

Il demandait les derniers sacrements, et comme on

ne le trouvait pas assez malade : « Je sens mon mal, dit-il, et je les désire. » Il demanda à son médecin dévoué s'il pouvait les recevoir, et sur sa réponse affirmative, il parut attendre avec une sainte impatience la venue de son confesseur.

Parlant de M. J. « Je lui dois tout ! c'est lui qui m'a fait aller à Saint-Sulpice, quelle grande grâce ! » Et il parlait avec une vive reconnaissance de ses habiles et saints professeurs.

On le voyait élever son regard vers le ciel. Votre nuit a été bien mauvaise ? « Non, elle a été comme le bon Dieu l'a voulu. Elle a été bonne. » Et quelles terribles nuits ! Vous souffrez bien ? — Il ne répondait que par le silence et un doux sourire, ou bien il disait : « Le bon Dieu n'envoie pas plus de souffrances qu'on en peut porter. »

A l'un de ses amis : « Oh ! je vous désirais ! je ne voulais pas mourir sans vous voir, priez pour moi ! »

On lui apporta un potage sur le matin. « Déjà, et tant de pauvres qui n'en auront pas autant dans toute leur journée. »

On l'entendait dire : « Mes pauvres, mes pauvres, que vont-ils devenir. » Trahissant à son insu les secrets de sa charité.

La nuit entière, jusque dans son délire, il prononçait d'ardentes aspirations : « *Mihi vivere Christus est et mori lucrum. Quis nos separabit a charitate Dei?* »

« O Marie, o ma mère! priez pour moi... Dieu seul, Dieu seul, je veux ce que vous voulez, mon sacrifice est fait. »

A la pensée du Ciel, il éleva les bras et s'écria : « Oh que c'est beau ! Que c'est beau le Ciel ! Voir Dieu, le Sacré-Cœur, les Anges que c'est beau... Oui, je veux aller au Ciel. »

Et le démon cherchait toujours à effrayer, à torturer cette âme si chère à Dieu. « Qu'il est rusé ! » me disait-il, et il se jetait dans le sein de Dieu.

La maladie se précipitait; on dût lui administrer les derniers sacrements. Quand Notre-Seigneur entra dans la chambre de son saint ministre, il se leva, lui tendit les bras : « Oh ! le voilà, mon Dieu, le voilà ! Je vous désire, je vous appelle. » Quelle communion !

Après les cérémonies du sacrement de l'Extrême-Onction, malgré ses grandes souffrances, il éprouva un tel calme qu'il nous disait : « Je suis guéri, Dieu m'a guéri. » Le reste de la nuit fut rempli d'aspirations de paix, de joie, de reconnaissance. « Qu'il est bon, mon Dieu ! Mon Dieu que vous êtes bon ! Que vous êtes bon !

Il baisait son crucifix avec foi, espérance et amour, invoquant Jésus et Marie et protestant qu'il voulait mourir leurs noms sur les lèvres.

Il paraissait suffoqué. Lui-même nous demanda une nouvelle absolution et la recommandation de l'âme, qu'il suivit avec la plus tendre piété, invoquant les saints, y joignant les noms de ses chers patrons, saint Antoine et saint Joseph, s'écriant aux plus touchantes prières de ces supplications : « Oui ! oui ! oh que c'est donc beau ! *Orate pro me indignissimo sacerdote.* »

Son confesseur vint le voir, lui parla du Ciel, et, à ce nom, il parut encore tomber en extase.

Entouré de ses confrères, il demanda à M. le Doyen du Chapitre sa bénédiction, et lui, l'admiration, l'affection de ses confrères, canonisé par eux depuis les années de son petit séminaire, il demande pardon... et remercie de toutes les bontés qu'on avait eues pour lui.

Il sollicita de M. le Vicaire général la bénédiction au nom de Monseigneur, toujours si bon pour lui, disait-il avec une respectueuse et filiale reconnaissance.

Il recommanda à Dieu ses chers paroissiens, tous ceux qui l'avaient été, les âmes qu'il dirigeait, sa famille, ses domestiques désolées ; il se louait affectueusement et à bon droit du tendre dévoûment de MM. ses Vicaires.

Et à toute espérance de guérison, il répondait : « Dieu m'appelle, mon sacrifice est fait. »

Il offrait ses souffrances à Notre-Seigneur pour notre saint Père le Pape et pour l'Église.

Maladie de son neveu, départ de sa sœur, larmes, puis regard sur son crucifix : *Non quod ego volo sed quod tu, fiat !! Diligentibus Deum omnia cooperantur in bonum !*

Oh! rien plus ne touche des choses de la terre en face de l'éternité. Si vous saviez comme on voit alors tout ce que le monde aime et estime !

Toujours sourire angélique, remercîment affectueux.

Il se plaignait de son anéantissement qui ne lui permettait plus de dire son chapelet (qu'il partageait selon les heures du saint office), ni même un *Pater* sans effort.

Eh bien, lui disait-on en voyant son chapelet autour

de son cou : Au moins, comme le bienheureux Berch-
mans, vous pensez à votre bonne mère, et cette parole
le consolait.

On lui disait qu'il avait du mieux, il répondait à ses
amis : « Je sens ce que je souffre et je sais que mes
jours sont comptés. Mon sacrifice est fait. »

Demi délire. Là, paraissait toute la candeur angélique de cette belle âme. Lui disait-on : Notre-Seigneur
veut que vous restiez couché, lui, impatient de se lever,
disait : « Ah! si Notre-Seigneur le veut, tout est dit ;
peut-on lui refuser quelque chose? »

Il multipliait sur sa poitrine les signes de croix et
murmurait : « *In te domine speravi, non confundur in
æternum.* »

C'était quatre heures. « Allons, c'est l'heure de se
lever. » Et, en effet, c'était l'heure où il mettait fin à
son sommeil dans cette vie commune en apparence et
d'une régularité, d'une abnégation qui lui donnait
l'austérité du cloître le plus sévère.

A huit heures du matin, le 21 juillet 1869, il s'en-
dormait dans la paix du Seigneur.

CORRESPONDANCE

—

Pendant que M. Guillomet devenait, sur son lit de douleur, de plus en plus conforme à son Divin Maître, de toutes parts accouraient des amis venus quelquefois de très loin recevoir une dernière bénédiction et demander un souvenir pour le Ciel. Ceux qui ne purent aller le voir, écrivaient.

Dans cette correspondance, touchant témoignage de la gratitude de notre ville, se trouvent les noms les plus aimés, les plus honorables. Nous avons les signatures entre les mains, mais une prudente réserve nous interdit toute indiscrétion, même pour le nombre des lettres à publier.

1re Lettre. — A M. GUILLOMET.

Bien cher et vénéré Monsieur,

J'apprends la place que vous donne Notre Seigneur, à côté de lui, sur sa croix et tout près de son cœur. Oh! que vous êtes heureux de souffrir dans un temps où la Sainte Église a besoin d'âmes généreuses qui offrent à la Divine Miséricorde leurs prières et leurs tribulations en union à celles de l'Adorable Victime, si aimante et si méconnue. Je supplie cet Ami incomparable que vous m'avez appris à aimer, que vous m'avez donné au beau jour de ma première communion, de vous soutenir, de vous consoler, de vous fortifier de ses meilleures grâces, et, s'il est utile pour sa plus grande gloire, de prolonger votre exil en vous conservant malgré vos désirs à l'affection de tant d'âmes qui s'appuient sur vous pour cheminer vers la Patrie. Oh! Paradis, Paradis, cité de l'éternel amour, que tu es digne de tous nos désirs! Mais un prêtre ne peut y pénétrer sans y introduire une légion de ces âmes rachetées à si haut prix, et, quel que soit le nombre de celles que vous y avez déjà envoyées, j'espère que votre cortége n'est pas encore au complet.

Je sais par la foi, et un tout petit peu par expérience, Dieu épargnant ma faiblesse et mon indignité, combien la souffrance est au-dessus de tous nos éloges, combien elle nous rapproche du Divin Maître, nous vaut ses plus intimes caresses; en sorte que le Paradis durant l'exil ne se peut rencontrer que sur la croix, où l'Auteur de toute béatitude se prodigue à l'âme crucifiée avec Lui; et voilà pourquoi, bien que par nature faible et ennemi de la douleur comme pas un, je ne puis cependant m'empêcher de porter envie aux privilégiés du Bon Maître qui montent au Calvaire à sa suite. Puisque vous êtes de ce nombre, je vous conjure de prendre en pitié ma misère et de demander pour moi, avec l'intelligence et l'amour de la croix, une parfaite conformité à la sainte volonté de Dieu, et cela non point pour un jour, mais pour toutes les heures de ma vie.

Votre enfant dévoué et reconnaissant en Notre Seigneur.

—

2e Lettre. — A M. X***.

Monsieur,

J'ai appris par la lettre que vous avez bien voulu écrire à ma mère et dont elle me prie de vous remercier, combien était grave la situation du saint curé de la cathédrale de Moulins. Tous ceux qui l'ont connu ont conservé de lui le plus précieux souvenir, et ne peuvent manquer de s'intéresser à son état et de prendre une part sincère aux inquiétudes du clergé et d'une partie du diocèse, car je suis convaincu qu'à Moulins comme à Montluçon il était aimé et admiré de tous.

La lettre contenait ce petit billet :

Sachant que tu vas écrire à M. X., je t'envoie, pour que tu le renfermes dans ta lettre, un petit morceau du parement de

la soutane de Pie IX, que nous regardons comme une relique;
il aurait la bonté de la remettre à M. Guillomet, peut-être que
s'il la plaçait sur son cœur et qu'avec ce témoignage de foi, de
confiance et d'amour pour le Souverain Pontife, il pût recevoir
sa bénédiction spéciale, le bon Dieu, qui glorifie déjà son fidèle
représentant, lui rendrait la santé.

—

3e Lettre. — A M. X***.

Mon cher ami,

J'ai reçu tes deux lettres et je t'en remercie sincèrement.
Les nouvelles qu'elles contiennent sont bien tristes; tristes, je
ne dis pas pour notre saint malade, qui n'aura pas à regretter
la terre, où il a passé, toutefois, en faisant le bien, entouré de
l'estime universelle, mais tristes pour la religion, tristes pour
tous ceux qui ont eu le bonheur de connaître M. Guillomet.
Pour moi, elles sont accablantes. Mais enfin je te remercie de
l'empressement que tu as mis à répondre à mon désir; je te
remercie des sentiments dévoués et de pieuse sympathie dont
tu entoures celui que nous voudrions tous conserver, et qui
pourrait encore faire parmi nous tant de bien.

Tu ne t'éloigneras, j'en suis sûr, et je t'en supplierais au
besoin au nom de l'amitié, tu ne t'éloigneras de son lit de souffrances, si chrétiennement acceptées, qu'après que le sacrifice
sera consommé.

Une parole d'ami fait tant de bien en pareille circonstance,
et peut être si utile à la dernière heure! Et ne mérite-t-il pas
quelque consolation, l'homme de Dieu, l'apôtre dont la charité
inépuisable en a donné à tant d'autres?

Enfin, il est encore au milieu de nous, et la miséricorde de
Dieu peut nous le conserver! Prions, prions beaucoup. Oh! si
on savait quel sacrifice pourrait toucher le cœur de Dieu à
l'effet de terminer les souffrances de son saint serviteur, de
lui rendre la santé, qu'il a employée avec tant de zèle pour la
gloire de son nom et pour le salut des âmes !   G. B.

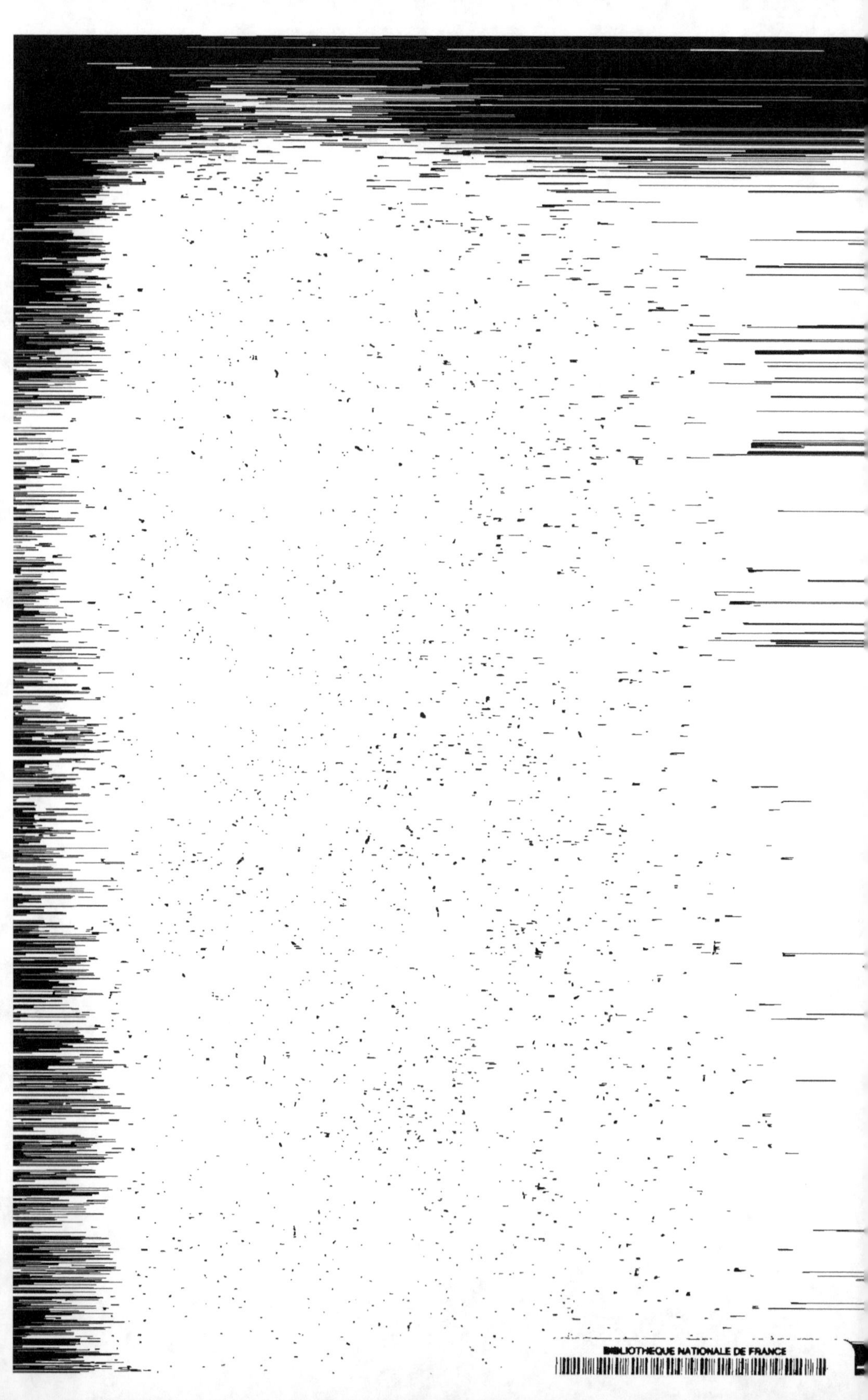